어린이를 위한
데일 카네기의
인간관계론

어린이를 위한 데일 카네기의 인간관계론

1판 1쇄 발행 2023년 8월 28일
1판 4쇄 발행 2025년 1월 20일

글쓴이 김지연 **그린이** 유영근
발행인 오영진 김진갑 **발행처** 제제의숲 **기획편집** 이희자
디자인 안경희 **마케팅** 박시현 박준서 김승겸 김수연 박가영

출판등록 2013년 1월 25일 제2013-000028호
주소 서울시 마포구 월드컵북로5가길 12 서교빌딩 2층
원고 투고 및 독자 문의 midnightbookstore@naver.com
전화 02-332-7706 **팩스** 02-332-7741
블로그 blog.naver.com/midnightbookstore
페이스북 www.facebook.com/tornadobook

ISBN 979-11-5873-277-6 (73190)

제제의숲은 ㈜심야책방의 자회사입니다.
이 책은 저작권법에 따라 보호를 받는 저작물이므로 무단전재와 무단복제를 금하며,
이 책 내용의 전부 또는 일부를 사용하려면 반드시 저작권자와 제제의숲의 서면 동의를 받아야 합니다.

잘못되거나 파손된 책은 구입하신 서점에서 교환해 드립니다.
맞춤법과 띄어쓰기는 국립국어원의 기준에 따랐습니다.
책 모서리가 날카로워 다칠 수 있으니 사람을 향해 던지거나 떨어뜨리지 마십시오.
종이에 베이지 않게 주의하세요. 책값은 뒤표지에 있습니다.

어린이를 위한
데일 카네기의 인간관계론

김지연 글 | 유영근 그림

제제의숲

● 머리말

다른 사람과의 관계는 누구나 어려워요!

'친구들은 다들 잘 어울리는 거 같은데, 나는 왜 이렇게 친구랑 잘 지내는 게 어렵지?'

이런 생각을 해 본 적 있나요?

다른 사람과의 관계는 누구나 어려워요. 나만 이런 고민을 하는 게 아니에요. 이건 정말 확실하게 말할 수 있어요. 어린이뿐만 아니라 어른도 누구나 고민하는 문제거든요. 인간은 자기중심적으로 생각하고 말하는 존재이기 때문에 어쩔 수 없는 문제인가 싶기도 해요. 그래서 상대를 배려하고, 상대 입장에서 생각하는 일이 어려운가 봐요. 이처럼 다른 사람을 배려하는 것은 매우 어려운 일이기 때문에 연습이 많이 필요해요.

어린이만 어렵고 연습이 필요한 게 아니라 어른도 어렵고 평생 연습해야 할 문제예요. 저도 이 책을 쓰면서 '평소에 상대방을 배려하는 마음이 많이 부족했구나, 내 말 때문에 기분 나쁜 사람이 있었겠구나.' 하고 생각했어요. 내가 말하는 방식을 조금만 바꾸면 상대의 태도가 많이 달라질 수 있다는 사실도 새삼 다시 알게 됐어요. 예전에 《데일 카네기의 인간관계론》*을 읽은 적이 있기 때문에 알고 있었지만, 깊이 생각하지 않고 말하는 게 편하다 보니 그게 익숙해져서 잊고 있었거든

요. 조심하고 주의를 기울이면 되는 일인데, 방심하게 되는 이 마음이 문제예요. 그래서 이 책은 한 번 읽고 끝낼 게 아니라 종종 꺼내 보면 좋겠어요. 시간이 지나면 다시 편하고 익숙한 방식으로 말하고 생각하게 되니까요. 또 관계가 어렵게 느껴질 때는 물론, 관계가 잘 유지되고 있을 때도 읽으면 좋겠어요. 관계가 어려울 때 읽으면 스스로를 돌이켜 보게 되고, 관계가 잘 유지되고 있을 때 읽으면 잘하고 있는 나를 칭찬하고 싶어지니까요. 친구에게 짜증 내지 않고 상냥하고 친절한 나를 마음껏 칭찬해 주세요!

이 책을 읽고 있는 여러분처럼 모든 사람이 말할 때 다른 사람을 배려하고, 조심하고, 친절하다면 아주아주 좋겠지만, 현실은 그렇지 않아요. 내가 다른 사람을 변화시키기도 어렵고요. 그렇다고 실망하지 마세요. 나부터 바뀌고, 나를 보면서 내 주위 사람이 조금씩 변한다면, 배려심 많은 사람이 점점 많아질 테니까요.

내가 하는 말이 나를 변화시키고, 내 친구를 변화시키고, 내가 사는 세상을 변화시킬 수 있다니 정말 멋진 일 아닌가요?

*이 책은 《데일 카네기의 인간관계론》을 바탕으로 어린이들에게 도움이 될 수 있도록 고쳐 쓰고 재구성한 책이에요. 《데일 카네기의 인간관계론》은 1936년에 발행되어 지금까지 사람들이 읽고 있는 대단한 책이지요. 출간된 지 90년이 되어 가고 있는 책인데도 시대에 뒤떨어졌다는 생각은 들지 않아요. 오히려 요즘 사람들이 참고할 만한 내용이 무척 많아요.

글쓴이 **김지연**

● **차례**

01장   관계를 위한 세 가지 기본 원칙

1. 불평하거나 비판하지 않기 · 12
   '너' 말고 '나'로 말을 시작해 보자! · 14
2. 진심으로 인정하고 칭찬하기 · 18
   내 마음을 담아 구체적으로 칭찬해 보자! · 20
3. 상대가 원하는 게 무엇인지 생각해 보기 · 24
   집중해서 듣자! · 26

02장   호감 가는 사람이 되는 여섯 가지 방법

1. 진심으로 관심 기울이기 · 32
   친구의 기분을 상상해 보자! · 34
2. 미소 짓기 · 38
   자연스럽게 웃자! · 40
3. 이름 불러 주기 · 44
   친구의 이름을 기억해 보자! · 46
4. 열심히 듣기 · 50
   듣기도 연습이 필요해! · 52
5. 무엇에 관심을 갖는지 찾아보기 · 56
   친구의 행동을 관찰해 보자! · 58
6. 상대를 배려하기 · 62
   말하는 방법을 점검해 보자! · 64

03장 싸우지 않고 설득하는 여덟 가지 방법

1. 논쟁하기보다 호의를 얻으려고 노력하기 · 75
   너그러운 사람이 되자! · 72
2. 직접적으로 반대하는 말과 행동은 삼가기 · 76
   말하기 전에 먼저 생각을 정리하자! · 78
3. 내 의견이 틀렸다면 솔직하게 인정하기 · 82
   지적받았다고 부끄러워하지 말자! · 84
4. 상냥하고 친절하게 말하기 · 88
   화가 날 땐 이렇게 해 보자! · 90
5. 서로 의견이 같은 부분부터 이야기하기 · 94
   친구 의견에 호기심을 갖자! · 96
6. 다른 사람이 이야기를 많이 할 수 있게 하기 · 100
   친구가 말할 수 있게 도와주자! · 102
7. 생각을 강요하기보다 제안하기 · 106
   요령 있게 제안하자! · 108
8. 다른 사람의 관점에서 보고 공감하기 · 112
   공감하는 사람이 되자! · 114

01장 관계를 위한 세 가지 기본 원칙

내가 인간관계에 대한 책을 쓰게 된 건 많은 사람이 다른 사람과 잘 지내는 방법을 궁금해한다는 걸 깨달았기 때문이에요. 그리고 다른 사람과 잘 지내려면 훈련이 필요하다는 것도 알았지요.
그건 어린이 여러분도 마찬가지예요.
지금부터 이 책을 읽으며 함께 배우고 훈련해 봅시다!
가장 중요한 기본 원칙 세 가지부터 짚어 볼게요.

데일 카네기가 들려주는 인간관계론

미국의 16대 대통령이었던 에이브러햄 링컨은 젊은 시절, 다른 사람을 비판하고 조롱하는 편지나 시를 써서 그 사람이 발견할 만한 곳에 떨어뜨려 놓곤 했어요. 변호사가 된 다음에도 자신의 의견에 반대하는 사람에게 공개편지를 써 공격하기도 했지요. 그러다 결투 신청을 받아 죽을 뻔한 경험을 하고 큰 충격을 받아요.

에이브러햄 링컨

그 후로 링컨은 다시는 다른 사람을 모욕하는 편지를 쓰지 않았어요. "비판을 받지 않으려면 비판하지 말라."라는 말을 기억하며 잊지 않으려고 했어요. 자신이 비난을 받을 때에도 같이 비난하기보다 상대의 입장을 이해하려고 노력했지요. 링컨은 자신의 경험으로 아무리 날카롭게 비판을 해 봤자 좋은 결과가 나오지 않는다는 사실을 깨달은 거예요.

상대를 비판하고 비난하면 그것은 부메랑처럼 자신에게 되돌아와요. 비판받은 사람은 자신을 보호하기 위해서 같은 방법으로 상대를 비판하기 때문이지요. 상대를 이해하고 용서하려고 노력하면, 상대도 나를 이해하고 용서하려고 노력할 거예요.

하지만 친구의 잘못된 점을 보면 이야기해 주고 싶어요.

진심으로 친구를 생각하는 마음은 소중해요. 하지만 진심은 전달하기가 아주 어렵고, 오해를 불러일으키기도 해요.
친구를 보면서 바꾸고 싶은 게 있다면 먼저 자신을 돌아보고 내가 바꿀 수 있는 건 없는지를 생각해 보세요. 다른 사람을 고치는 것보다 자신을 바꾸는 게 훨씬 덜 위험할 뿐만 아니라 나에게도 더 유익한 방법이기 때문이지요. 🙂

관계 기본 원칙 ①
불평하거나 비판하지 않기

체육 시간에 편을 나누어 피구 경기를 했어요. 그런데 민희가 실수로 공을 놓치는 바람에 상대편에게 공을 빼앗겼어요.

민희

NO
- 네가 실수하는 바람에 우리 팀이 지게 생겼잖아!
- 너는 실수 안 해? 너도 아까 공 뺏겼잖아!

OK
- 나도 실수 많이 해. 우리 다시 집중해서 해 보자!
- 미안해.

친구에게 불평하기 전에 먼저 친구의 입장을 생각해 보세요. 누구나 민희와 같은 실수를 할 수 있어요. 내가 실수를 했을 때 나는 어떤 말을 듣고 싶은가요?

친구를 비판하고 비난하는 말은 상황을 더 안 좋게 해요. 비판과 비난을 받으면 사과하고 싶은 마음도 사라져 버리니까요. 친구를 비판하기 전에 내 마음을 먼저 전해 보면 어떨까요?

'너' 말고 '나'로 말을 시작해 보자!

'너'로 시작하는 말은 상대를 비판하거나 비난하는 말이 되기 쉬워요. 친구에게 말을 할 때 내 기분, 내 감정, 내 생각을 먼저 전달하면 상대도 편안하게 내 말을 들을 수 있어요.

'나'로 말을 시작하면 친구가 내 말에 귀를 기울일 거예요. 그러면 화가 나기보다 어떻게 해야 할지 해결 방법이 생각날 거예요.

데일 카네기가 들려주는 인간관계론

　20세기 최고의 심리학자 지크문트 프로이트와 미국의 철학자 존 듀이. 두 사람이 공통적으로 중요하게 생각한 인간의 욕망은 '중요한 사람이 되고 싶은 욕망'이었어요.

지크문트 프로이트

　인간은 중요한 사람이 되고 싶다는 마음 때문에 문명을 발전시킬 수 있었고, 역사에 이름이 남은 많은 위인 중에도 이 마음이 아주 중요했던 사람이 있었지요.

　누구나 중요한 사람이 되고 싶어 해요. 그러다 보니 스스로 내가 중요한 사람이라고 드러내고 싶어 하는 사람이 많아요. 나를 드러내기 전에 다른 사람의 장점을 먼저 발견해 보세요. 억지로 생각해 낸 장점이 아니라 진심으로 생각한 장점을 칭찬하는 거예요.

　상대를 비판하거나 흠 잡으려고 하지 않고 칭찬하고 격려하면 상대방은 자신이 중요한 사람으로 인정받았다고 여길 거예요. 또 내가 한 말을 소중하게 받아들이고 나를 더 신뢰하게 될 테고요. 관계가 좋아지는 것은 두말할 것도 없어요.

　나 자신에 대해서만 생각하는 걸 잠깐 멈추고, 다른 사람의 장점을 생각해 볼까요?

하지만 모두가 싫어하는 친구의 장점을 찾는 건 너무 어려운 일이에요.

겉으로 드러나는 행동이나 눈에 보이는 것만 칭찬하려고 하면 어려울 수 있어요. 눈에 보이지 않는 기분이나 감정, 속마음을 이해하려고 노력해 보세요. 이런 노력이 담기면 칭찬에는 진심이 담기기 마련이지요. 진심 어린 칭찬을 들은 친구의 행동은 달라질 수밖에 없어요. 🙂

진심으로 인정하고 칭찬하기

짝꿍과 함께 포스터 만들기 시간. 은채와 시후가 짝이 되었어요. 그런데 시후는 포스터 만들기에는 관심이 없고 친구와 장난치기 바빠요.

　친구의 단점을 말하기보다 친구의 장점을 먼저 생각해 보세요. 친구를 인정하고 칭찬하면 친구는 칭찬을 증명하기 위해 더 노력할 거예요. 칭찬을 듣고 기분 나쁜 사람은 없으니까요.

친구들이 모여서 이제부터 무엇을 하고 놀지 결정하려고 해요. 자신의 생각이 분명하고 표현을 잘하는 은지가 의견을 먼저 말했어요.

NO

> 너는 네 생각만 하냐? 다른 사람 생각은 안 해?

> 내 생각은 그렇다고 말한 것뿐인데?

OK

> 은지가 먼저 자신의 생각을 말해 줘서 좋아. 다른 친구들 생각도 궁금한걸.

> 그래, 다른 사람들 생각은 어때?

상대방의 단점이나 잘못된 점을 말하기보다 상대를 인정하고 격려하면 상대를 기분 좋게 할 뿐만 아니라, 문제를 해결하기도 더 쉬워져요. 하지만 진실된 마음 없이 입으로만 칭찬하는 건 아부나 아첨이에요. 아부나 아첨은 오히려 기분을 나쁘게 하고 일을 망칠 수 있으니 조심하세요!

내 마음을 담아 구체적으로 칭찬해 보자!

칭찬은 무조건 좋고, 비난은 무조건 나쁘다고 생각하기 쉬운데, 꼭 그런 것은 아니에요.

'잘한다, 착하다, 대단하다'
다른 사람을 칭찬할 때 흔히 쓰는 표현이에요. 하지만 이런 표현에는 구체적으로 어떤 점을 칭찬하는 것인지 드러나지 않아서 이 말을 들은 상대가 '내가 원하는 대로 잘한다, 내가 원하는 모습이어

서 마음에 든다'와 같은 의미로 해석할 가능성이 커요. 게다가 진심이 느껴지지 않아서 기분이 좋아지는 칭찬은 아니에요.

칭찬을 할 때 다음 두 가지 방법으로 해 보세요.

구체적으로 칭찬하기

어떤 부분을 칭찬하는 것인지 구체적으로 표현해요.

내 마음을 알리면서 칭찬하기

칭찬 속에 상대를 위하는 나의 마음이 담기면 상대를 더 기분 좋게 할 수 있어요. 나의 마음을 잘 관찰한 다음 내 마음 속 느낌을 솔직하게 표현해요.

데일 카네기가 들려주는 인간관계론

영국의 총리(영국 정치에서 실질적인 지도자)였던 데이비드 로이드 조지는 제1차 세계 대전 시기부터 전쟁이 끝나고 나서도 영국의 최고 지도자로서 영국 정치에 막대한 영향을 미친 사람이에요. 사람들은 그가 어떻게 권력을 계속 유지할 수 있었는지 궁금해했어요.

데이비드 로이드 조지

로이드 조지는 자신이 최고의 자리에 머물 수 있었던 이유가 물고기에 맞는 미끼를 썼기 때문이라고 말했어요.

이게 무슨 뜻일까요?

이 말은 상대가 원하는 일에 관심을 갖고, 그 사람이 원하는 것에 대해 이야기하면서 어떻게 하면 그것을 얻을 수 있는지 보여 주면 결국 내가 원하는 것을 얻을 수 있다는 뜻이에요.

다른 사람이 나를 좋아하게 만들고, 좋은 관계를 유지하고 싶다면 다른 사람의 관점에서 생각해 봐야 해요. 나와 이야기를 나누고 있는 친구가 무엇을 원하는지를 생각해 보는 것이죠.

대부분의 사람은 자신이 원하는 것만을 생각하기 때문에 친구가 원하는 것이 무엇일지를 생각해 보는 것만으로도 엄청난 호감을 불러일으킬 수 있어요.

다른 사람의 기분을 맞추기 위해 내가 하고 싶은 걸 포기해야 하나요? 나도 내가 하고 싶은 걸 하고 싶은걸요.

친구가 원하는 걸 생각해 본다는 말은 자신의 생각과 의지를 포기하고 다른 사람에게 무조건 맞추는 게 아니에요. 내가 고를 수 있는 것 중에서 기왕이면 다른 친구도 좋아할 만한 것을 고르는 거죠. 이건 다른 사람을 배려하는 것이지, 친구에게 잘 보이기 위해 내가 하고 싶은 걸 포기하는 것과 달라요. 배려 없이 내가 하고 싶은 대로 하는 건 누가 봐도 이기적으로 보일 거예요. 🙂

관계 기본 원칙 ③
상대가 원하는 게 무엇인지 생각해 보기

그림을 잘 그리는 민아와 형석이의 그림을 보려고 친구들이 모여들었어요. 친구들이 둘 중 누가 더 잘 그렸는지 이야기했어요.

상대를 배려하면서 말하면 모두 기분 좋은 대화를 할 수 있어요.

재덕이는 엄마에게 두 시간 동안 동생 재석이를 돌봐달라는 부탁을 받았어요. 친구들과 놀이터에서 만나기로 한 재덕이는 곤란했어요.

다른 사람이 원하는 게 무엇일지 생각한다는 건 무조건 상대에게 맞춘다는 의미는 아니에요. 내가 원하는 것만 말하기 전에 상대가 원하는 바를 알아주는 것. 그것만으로도 대화의 방향이 달라질 수 있어요.

집중해서 듣자!

다른 사람이 원하는 게 무엇인지 알기 위해 가장 중요한 것은 다른 사람이 하는 말을 들을 때 집중하는 거예요. 너무 당연한 얘기 아니냐고요?

맞아요, 그런데 이게 그렇게 쉽지 않거든요. 우리는 집중해서 듣는다고 생각하지만 제대로 듣고 있지 않는 경우가 많으니까요.

그리고 듣는 동안 잘 집중해서 듣는 게 끝이 아니에요! 친구의 말을 다 들은 뒤에는 친구가 한 말 중에서 가장 전하고 싶은 내용이 무엇인지 생각해 보는 것도 필요해요. 그래야 친구가 원하는 것이 무엇인지 정확하게 알 수 있어요.

친구가 한 말 중에서 가장 중요한 내용, 가장 전하고 싶어 하는 내용을 간단하게 한 문장으로 정리해 보세요. 그러면 친구의 이야기를 정확하게 이해할 수 있어요.

02장 호감 가는 사람이 되는 여섯 가지 방법

어디서든 환영받는 사람이 되고 싶지 않나요? 나를 만나는 사람들이 나를 좋아하게 만들고 싶지 않나요?
다른 사람을 대하는 세 가지 기본 원칙을 익혔다면 이번에는 사람들이 나를 좋아하게 하는 방법을 알아봅시다.
친구를 잘 사귀는 기술은 특별할 게 별로 없지요. 조금만 신경 쓰고 노력하면 사람들의 관심을 끌며 호감을 주는 사람이 될 수 있어요.

 데일 카네기가 들려주는 인간관계론

개를 좋아하나요? 좋아하는 이유는 무엇인가요?

개는 가족을 보면 꼬리를 흔들고 자리에서 펄쩍펄쩍 뛰면서 자신이 가족을 얼마나 좋아하는지를 보여 주지요. 그 애정 표현에는 어떤 꿍꿍이도 없고 나에게 뭔가를 바라는 마음도 없어
요. 그저 곁에 함께 있으면서 사랑할 뿐이에요. 아무 조건 없이 나에게 사랑을 베푸는 그런 동물을 사랑하지 않기란 어려워요.

친구와의 관계, 인간관계도 마찬가지예요. 사실은 친구에게 관심도 없는데 어떤 의도나 목적을 가지고 관계를 맺으려 한다면 친구가 그것을 알아챌 수밖에 없어요. 그러니 친구의 관심과 신뢰도 얻을 수 없지요.

또 내가 먼저 관심을 보이지 않는데 친구가 먼저 나에게 관심을 가질까요? 친구에게 과연 그럴 필요가 있을까요?

내가 친구에게 진심으로 관심을 기울이면 친구도 나에게 관심을 기울일 거예요. 오랫동안 인기를 유지하는 사람들을 보면 자신을 좋아하는 사람에게 자신도 관심을 기울이는 모습을 볼 수 있어요. 관심을 쏟는다는 건 나의 시간, 에너지를 들여 배려한다는 의미이기도 해요. 다른 사람을 위해 뭔가를 해야 하는 수고를 감수해야 하는 것이지요. 하지만 그 수고로움으로 우리는 가치를 따질 수 없는 더 많은 것을 얻을 수 있어요.

저는 다른 사람에게 관심이 별로 없는데요? 그런데도 관심을 기울이고 노력해야 할까요?

다른 사람에게 관심이 별로 없을 수 있어요. 억지로 노력하지 않아도 괜찮아요. 내가 다른 사람에게 관심이 없는 만큼 다른 사람도 나에게 관심이 없을 거라는 점만 분명히 알고 있다면 말이지요. 하지만 나는 다른 사람에게 관심이 없는데, 다른 사람들이 나에게 관심을 가지고 좋아해 주기 바란다면 관계가 어렵고 힘들어질 수 있어요. 🙂

호감 되는 방법 ①
진심으로 관심 기울이기

도윤이는 오늘 하루 종일 표정이 어두워요. 무언가 걱정하는 친구에게 어떻게 말해야 할까요?

지성이가 도윤이의 상황에 진심으로 관심을 기울여 주니까 도윤이는 지성이에게 고마움을 느꼈어요. 이 경험으로 도윤이는 지성이가 힘들 때 똑같이 진심으로 위로하는 말을 해 줄 거예요.

정민이는 좋아하지만 지호는 좋아하는 것이 아닐 때 어떻게 대화하는 게 좋을까요?

친구와 가까워지고 싶다면 친구가 좋아하는 것에 관심을 기울이는 태도가 필요해요. 내가 싫어하는 것이라도 친구가 좋아하는 것이니까 관심을 가지고 이야기 나누는 것이지요.

친구의 기분을 상상해 보자!

친구가 말하는 내용 중에 공감이 되지 않거나 내가 관심이 없는 화제가 있을 수 있어요. 나와 친구는 같은 사람이 아니기 때문에 관심사도 다르고 사고방식도 다르니까요. 또 내가 좋아하거나 관심 있는 이야기만 하는 것도 아니고요.

친구와 친밀한 관계를 맺고 싶다면 친구의 이야기에 흥미와 관심을 보이고 집중해서 들으려고 노력해야 해요. 이때 내가 집중해서 듣고 있다는 것을 알릴 수 있는 좋은 방법이 있어요.

이야기를 들으면서 친구의 기분을 상상해 보는 거예요. 그리고 내가 상상한 친구의 기분이나 감정을 말로 표현하는 거죠.

친구의 기분이나 감정을 말로 표현하면 친구는 자신의 이야기에 귀 기울이고 있다는 걸 알고 나에게 더욱 호감을 느낄 거예요.

> 데일 카네기가 들려주는 인간관계론

일주일 동안 친구에게 미소 짓기를 해 볼까요? 과연 어떤 결과가 나타날까요?

사람들은 미소를 받으면 미소를 되돌려 줘요. 미소를 주고받으면 모두 즐거운 마음이 될 수 있는데 안 할 이유가 있나요? 내가 미소를 준다고 그만큼 가난해지는 것도 아니잖아요.

얼굴을 찡그리는 것보다 미소를 띠는 게 다른 사람에게 좋은 인상을 주고 내 기분도 행복해진다는 걸 모르는 사람은 없어요. 그런데도 미소 짓고 웃는 일이 왜 이렇게 어려울까요?

웃을 일이 없다고요? 그럼 억지로라도 웃어서 행복한 사람이 되면 좋겠어요.

영국의 극작가 셰익스피어는 "그 자체에 좋고 나쁜 건 없다. 우리의 생각이 어떤 것을 좋거나 나쁜 것으로 만든다."라고 말했어요. 미국의 16대 대통령 링컨은 "사람들 대부분은 자신이 행복해지겠다고 마음먹은 만큼만 행복하다."라고 말했고요.

두 사람이 공통적으로 이야기하는 것은 우리가 어떻게 생각하고 마음먹느냐에 따라 행복이 결정된다는 거예요.

친구에게 얼굴을 찌푸리고 짜증을 내기 전에 내 생각을 바꾸고 미소를 지어 보면 어떨까요?

윌리엄 셰익스피어

생각을 바꾼다고요? 생각을 어떻게 바꿀 수 있죠?

물이 반쯤 담긴 컵을 보고 누군가는 '물이 반밖에 없네.'라고 생각하고 누군가는 '물이 반이나 있네.'라고 생각해요. 물이 반밖에 없다는 불만이 머릿속에 떠오를 때 그 생각을 바꾸려고 노력하는 거예요. 그런데 생각을 바꾸려면 우선은 내 생각을 살펴보는 연습을 해야 해요. '아, 내가 이런 생각을 하고 있구나.' 하고 생각을 살펴보는 연습이 필요하지요. 🙂

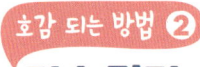
미소 짓기

혜주와 같은 반 친구인 동균이와 민규는 서로 다른 습관이 있어요.
동균이는 잘 웃었고, 민규는 무뚝뚝한 표정으로 잘 웃지 않았어요.

NO →
"안녕."
→ "민규는 내가 인사하는 게 귀찮은 걸까?"

OK →
"안녕, 혜주도 좋은 아침!"
→ "동균이는 날 보면 항상 웃어 줘서 좋아."

누구나 웃는 얼굴에 호감을 느껴요. 웃는 얼굴을 보면 내 기분도 좋아지지요.

혜주는 어제 일을 이야기를 하면서 동균이와 민규의 표정과 반응을 살펴봤어요. 어떤 표정과 반응이냐에 따라 이야기를 계속할지, 그만둘지를 결정하려고요.

> 어제 말이야 …….

혜주

NO

> 그래서 어떻게 됐어?

민규

...

> 내 이야기를 듣기 싫은 걸까?

OK

> 그래서 어떻게 됐어?

동균

> 와! 내 이야기에 관심이 있나 봐.

이야기를 들으며 표정이 밝지 않다면 이야기를 하는 사람은 신이 나지 않아요. 대화를 계속 이어 나가기 힘들지요.

2장 호감 가는 사람이 되는 여섯 가지 방법　39

자연스럽게 웃자!

평소 어떤 표정을 하고 있나요? 거울을 준비해 평소 내가 자주 짓는 표정을 관찰해 보세요.

웃는 게 어렵거나 어색하다면 다음의 방법대로 연습해 보세요. 자연스럽게 웃을 수 있는 몇 가지 요령이 있답니다.

심호흡하면서 눈썹과 턱 근육 풀어 주기

억지스러운 미소가 아니라 자연스러운 미소를 지으려면 먼저 얼굴의 근육을 풀어 줘야 해요. 깊이 심호흡하면서 얼굴의 근육을 풀고, 눈도 감았다 떴다 하면서 긴장을 풀어 주세요.

혀를 입천장에 붙이기

입천장에 혀를 대면 두 뺨과 턱의 근육이 팽팽해지면서 자연스러운 미소가 만들어져요.

거울 보면서 연습하기

거울을 보면서 웃는 연습을 하면 웃을 때 내 모습이 어떤지 정확하게 알 수 있어요. 내 마음에 드는 자연스러운 웃는 모습을 찾을 수 있지요.

 **데일 카네기가 들려주는 인간관계론**

잘 모른다고 생각했던 친구가 내 이름을 기억하고 불렀을 때 기분을 떠올려 볼까요?

기분이 좋았을 거예요. 칭찬을 듣지 않았는데 칭찬을 들은 것 같은 기분이었죠? 친구가 내게 관심과 호감을 갖고 있다는 생각도 들었을 테고요.

사람들은 자신의 이름을 중요하게 생각해요. 누군가 내 이름을 기억하고 예상하지 못했던 중요한 순간에 불러 준다면 내가 중요한 사람이 된 듯한 느낌과 자부심을 느끼지요. 내 이름을 불러 준 상대에게 호의를 느끼는 건 물론이고요.

미국의 32대 대통령이자 대통령을 네 번이나 지낸 프랭클린 델러노 루스벨트는 호의를 얻을 수 있는 가장 간단하고 분명한 방법 중 하나가 이름을 기억하고, 그 사람이 중요한 사람이 된 것처럼 느끼게 하는 것이라는 사실을 알고 있었어요. 임기가 끝나고 백악관에 초대를 받아 갔을 때도 백악관에서 일하던 사람들 한 명 한명의 이름을 부르며 악수를 나누기도 했지요.

프랭클린 델러노 루스벨트

친구의 호의를 얻을 수 있는 가장 간단하고 분명한 방법, 이름 불러 주기. 꼭 기억하세요!

하지만 이름을 부르는 게 너무 어색해요.

평소 친구의 이름을 친근하게 부르지 않았다면 친구의 이름을 부르는 게 어색하다고 느낄 수 있어요. 평소 안 하던 일을 하는 건 어떤 일이든지 어색하고 힘들어요. 하지만 어색함을 참고 몇 번 반복하면 금방 익숙해질 수 있어요. 몇 번만 노력하면 친구가 좋아하는 얼굴을 볼 수 있는데 안 할 이유가 있나요? 🙂

2장 호감 가는 사람이 되는 여섯 가지 방법　43

이름 불러 주기

송은이는 연재와 같은 반이지만 친한 사이는 아니었어요. 가끔 마주치면 인사는 하지만 따로 이야기한 적은 없었지요. 그러다가 어느 날 둘이 같은 모둠이 되었어요.

　상대의 이름을 불러 주는 것만으로도 이야기를 더 부드럽게 이끌어 갈 수 있답니다. 친하지 않은 상대가 내 이름을 기억하고 있다면 그것만으로도 반갑고 기분 좋죠!

선생님 중에 어떤 선생님은 이름을 잘 기억하고 이름을 잘 불러 주는가 하면, 어떤 선생님은 이름을 잘 기억하지 못하고 "거기, 너!" 이런 식으로 부르는 경우가 있어요.

NO
- 안녕, 그런데 네 이름이 뭐였더라?
- 제 이름은 혜주예요. 어차피 기억도 못할 거면서.

OK
- 안녕, 혜주야. 잘 지냈니?
- 네, 선생님. 오랜만인데도 내 이름을 기억하시네.

여러분은 이름으로 부르는 선생님과 "야, 이 녀석, 꼬마야."로 부르는 선생님 중에 어떤 선생님이 더 좋은가요? 이름을 기억하고 있다는 건 내게 관심이 있는 걸로 느껴져서 기분이 참 좋아요.

친구의 이름을 기억해 보자!

처음 만난 친구의 이름을 외우고 부르는 일은 첫 인상을 결정하는 데 아주 중요한 역할을 해요. 이름을 잘 기억했다가 친구의 이름을 불러 주면 친밀감을 높일 수 있지만 만약 이름을 잘못 기억해 다른 이름을 부르면 오히려 친구의 기분을 나쁘게 만들고 말 거예요.

친구의 이름을 잘 기억하는 것만으로도 친구에게 좋은 인상을 남길 수 있어요. 좀처럼 이름을 기억하는 게 어렵다면 다음 방법을 활용해 보세요.

처음 만난 친구의 이름을 부르며 인사하기

간단한 질문을 할 때 친구의 이름을 붙여서 불러 보기

친구의 이름과 내가 아는 이름을 연관 지어 생각하기

헤어질 때 친구의 이름을 부르며 인사하기

 **데일 카네기가 들려주는 인간관계론**

나는 어떤 파티에서 유명한 식물학자를 만났어요. 식물학자와 이야기를 나눠 본 적은 한 번도 없지만 그의 이야기가 재미있어서 열심히 듣게 되었어요. 그러다 보니 그 식물학자와 몇 시간이나 대화를 나누었지요. 파티가 끝나고 그와 작별 인사를 하고 헤어졌어요.

데일 카네기

그 뒤에 식물학자가 파티를 연 사람에게 나를 칭찬했다는 얘기를 듣게 되었어요. 내가 대단히 흥미로운 사람이고, 내가 가장 재미있는 대화 상대였다고 말했대요.

그런데 재미있는 사실은 나는 거의 말을 하지 않았다는 거예요. 대신 열심히 들어 주었지요. 진심으로 그의 이야기에 관심이 있었기 때문에 잘 모르는 이야기이더라도 열심히 들었고, 추임새를 넣었을 뿐이에요. 식물학자도 그것을 느꼈을 것이라고 생각해요.

상대방의 이야기를 몰입해서 듣는 사람에게 마음을 열지 않을 사람은 없을 거예요. 불평이 많은 사람도 인내심 있게 공감하며 귀 기울여 듣는 사람 앞에서는 누그러지기 마련이고요.

대화를 잘하기 원한다면 다른 사람의 이야기를 열심히 듣고 그 사람이 즐거워하면서 대답할 만한 질문을 해 보세요. 사람들은 자신에 대해 이야기할 수 있게 해 주는 사람을 원해요.

열심히 들어 주려고는 하는데, 친구의 이야기가 너무 재미가 없어요. 그럴 때는 어떻게 해야 할까요?

그럴 때는 상냥한 행동이 필요해요. 친구를 비난하고 지적하기보다는 친구가 관심 갖는 것은 무엇인지, 이야기하고 싶은 건 무엇인지 주의 깊게 들으면서 친구를 배려하는 거예요. 이 상냥한 행동은 호감가는 사람이 되는 다섯 번째 방법, 여섯 번째 방법과 관련 있어요. 이어서 읽어 보세요. 🙂

호감 되는 방법 ④
열심히 듣기

형돈이가 하는 말에 준하가 진심으로 관심을 보이자, 준하가 형돈이에게 스도쿠를 어떻게 하면 되는지를 열심히 설명해 줘요.

NO
- 너무 길고 지루해.
- 응.
- 재미없어?

OK
- 아하! 그런 다음에는 어떻게 하면 돼?
- 그다음에는 이 숫자와 맞춰서, 이 자리에 들어갈 숫자를 알아내는 거지!

열심히 듣는다고 생각하지만 무의식적으로 하는 행동이 내 생각과 일치하지 않을 수도 있어요. 딴 곳을 보거나 하품을 하면 열심히 듣고 있다는 인상을 주기 어려워요.

민혁이가 어제 읽은 책에 대해 재승이와 이야기하고 있어요. 민혁이는 책이 재미있었는지 할 이야기가 많은 것 같아요.

친구의 이야기를 들으면서 친구의 말을 정리하거나 맞장구를 치고 중간중간 질문을 하면 내가 열심히 듣고 있다는 것을 친구가 알 수 있어요. 내 이야기를 잘 들어 주는 친구에게 호의와 호감을 느끼게 되는 것은 당연하고요. 다른 사람이 내 이야기를 잘 들어 주길 바란다면 나도 다른 사람의 이야기를 잘 들어 줘야겠죠?

듣기도 연습이 필요해!

사람들이 각자 하고 싶은 말만 하고 서로 듣지 않는다면 어떻게 될까요?

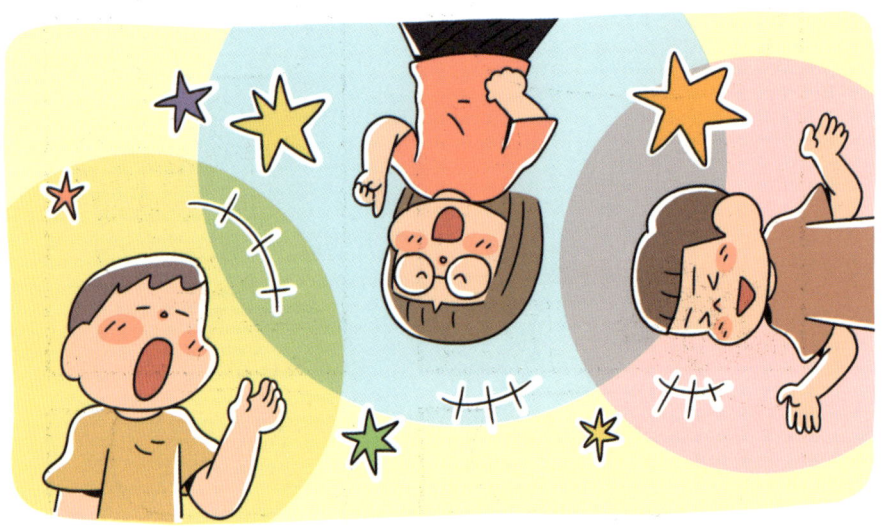

다른 사람에게 호감을 주기 위해 꼭 말을 잘해야 하는 건 아니에요. 열심히 듣기만 해도 대화하고 싶은 사람이 될 수 있어요. 잘 들어 주는 사람에게는 누구라도 말하고 싶어지니까요. 이야기하고 싶은 사람이 되면 자연스럽게 친해지고 싶은 사람이 될 수 있어요.

사람들은 말을 잘하는 방법은 열심히 배우지만 잘 듣는 방법은 배울 필요가 없다고 생각해요. 하지만 잘 듣는 것도 노력과 연습이 필요하답니다.

다음 두 가지만 신경 써도 열심히 들어 주는 사람이라는 인상을 줄 수 있어요.

친구의 눈을 보면서 듣기

친구가 말할 때 친구의 눈을 보면서 이야기를 들으면 친구는 내가 이야기를 열심히 듣고 있다고 생각해요. 그러면 마음을 놓고 편안한 마음으로 이야기를 계속 이어 나갈 수 있지요. 어떤 이야기라도 하고 싶은 마음이 들 거예요.

친구의 눈을 보면서 들으면 자연스럽게 친구의 말에 집중할 수 있게 되고, 친구의 감정이나 기분도 알기 쉬워요.

맞장구치며 듣기

또 친구가 말할 때 "맞아, 그래, 그래서? 그랬구나, 정말? 어머나!" 등의 말을 하면서 친구의 이야기에 적절히 맞장구를 치면 친구는 이해받는다는 느낌을 받을 거예요. 친구가 자신감을 갖고 말할 수 있도록 도와주는 행동이기도 하고요.

데일 카네기가 들려주는 인간관계론

미국의 26대 대통령이었던 시어도어 루스벨트는 누구와 대화하든지 막힘이 없었어요. 루스벨트를 만난 사람들은 주제나 분야를 넘나드는 그의 해박한 지식에 놀랐지요.

시어도어 루스벨트

그런데 그게 가능했던 이유는 의외로 간단했어요. 루스벨트는 방문객이 찾아올 때마다 찾아오는 사람이 관심을 가지고 있을 만한 주제를 만나기 전에 공부했다고 해요.

다른 지도자들처럼 루스벨트도 사람의 마음을 얻는 가장 좋은 방법이 그 사람이 관심 있고 소중하게 생각하는 것을 이야기하는 것임을 알고 있었던 거예요. 즐겁게 대화를 나눈 사람들이 루스벨트에게 호감을 느끼게 되는 것은 너무 당연한 일이었지요.

친구와 대화할 때도 마찬가지예요. 친구의 관심사가 무엇인지, 친구가 좋아하는 게 무엇인지 모르면 친구에게 다가가기 힘들어요. 대화도 즐거울 수 없어요.

반대로 친구가 무엇에 관심을 갖는지, 친구의 마음을 사로잡고 있는 게 무엇인지 찾아보고 노력하면 대화가 즐거워질 거예요. 그리고 친구는 결국 나를 좋아하게 될 게 분명해요.

친구가 원하는 게 무엇일지를 생각해 보려고 하는데 너무 어려워요.

대화를 하면서 친구가 원하는 게 무엇인지 파악하는 건 어려운 일이에요. 그런데 그게 가능하려면 먼저 친구 이야기를 귀 기울여 들어야 해요. 그리고 말하는 친구의 기분을 헤아려 봐야 해요. 친구의 이야기를 듣다가 친구의 감정을 짧은 말로 표현해 보세요. 이게 익숙해지면 자연스럽게 친구가 원하는 것, 친구의 의도를 알 수 있게 될 거예요. 🙂

호감 되는 방법 ⑤
무엇에 관심을 갖는지 찾아보기

수진이와 세영이는 수행 평가 동영상을 만들기 위해 처음으로 학교 밖에서 만났어요. 평소 친하지 않았던 친구를 밖에서 보니 어색했어요.

평소에 친구가 관심 갖는 게 무엇인지를 살펴보고 유심히 관찰하면 친구와 대화 나누기가 수월해져요. 반대로 평소 친구에게 무관심하고 관심을 두지 않는다면 친구와 대화 나누기는 어려워지지요.

친구를 관찰하고 관심 갖기 어려운 상황이 있을 수도 있어요.

서희와 정후는 어렸을 때 친하게 지낸 사이였지만, 초등학교에 입학하고 다른 반이 되면서 자주 만나지 못했어요.

오랜만에 친구와 만나 무엇에 관심이 있는지 당장 알 수 없다면, 적극적으로 물어보면서 친구의 이야기를 찬찬히 들어 보세요. 그러다 보면 지금의 관심사도 알 수 있을 거예요.

2장 호감 가는 사람이 되는 여섯 가지 방법

친구의 행동을 관찰해 보자!

　친구와의 대화를 어떻게 시작해야 할지 잘 모르겠다면, 친구가 좋아하거나 잘하는 일을 찾아서 대화의 주제로 삼아 이야기하면 좋아요.
　그럼 친구가 좋아하거나 잘하는 일은 어떻게 알 수 있을까요? 평소에 친구의 행동을 관찰하면 어렵지 않게 알아챌 수 있어요.

 주의
친구가 감추고 싶어 하거나 불편해하는 부분까지 아는 척하는 건 조심해야 해요.

친구를 관심 있게 관찰하다 보면 친구의 작은 변화도 눈치챌 수 있어요. 친구는 자신의 작은 변화에도 관심을 가져주는 나에게 호감을 느낄 거예요.

 **데일 카네기가 들려주는 인간관계론**

거의 모든 사람이 자신을 중요하다고 생각해요. 그런 사람들의 마음에 다가가는 가장 확실한 방법은 '당신은 나에게 중요한 사람'이라는 느낌을 갖도록 만드는 거예요. 즉, 상대를 배려하는 것이죠.

상대를 배려하는 가장 쉬운 방법을 알려 줄까요? 누구라도 당장 실천할 수 있어요.

"귀찮게 해서 미안한데, 부탁해도 괜찮을까? 미안하지만, 혹시 괜찮다면, 고마워." 등의 말을 써 보세요. 말할 때 작은 예절을 지키는 거지요. 이렇게 하면 상대는 자신이 내게 중요한 사람이고, 그것을 내가 진심으로 인정하고 있다는 사실을 알게 해 주거든요. 또 배려받고 있다 느낀 사람은 나에게 호감을 느끼고 나를 좋아하게 돼요.

이 방법이 정말 효과 있는지 궁금하지 않나요?

그렇다면 지금 당장 가장 가까이 있는 사람에게 실천해 보세요. 그리고 어떤 마법이 일어나는지 살펴보세요.

저는 친구보다 제 자신이 더 중요한걸요.

친구를 배려한다고 나 자신이 친구보다 안 중요하거나 하찮아지는 건 아니에요. 오히려 상대를 배려하는 예의 바른 모습이 사람들에게 나를 더 중요한 사람으로 느껴지게 해요. 겸손하게 말한다고 해서 나의 가치가 다른 사람보다 떨어지거나 사라지는 것은 아니에요. 😊

호감 되는 방법 ❻
상대를 배려하기

선생님께 검사를 받고 가야 하는데 순서가 멀었어요. 오늘 윤재는 치과 예약이 있어서 늦으면 안 되기 때문에 마음이 급해요.

NO → 나 빨리 가야 돼. → 뭐야!

OK → 미안한데, 내가 오늘 치과에 가야 해서 그러거든. 먼저 검사받아도 될까? → 시간이 다 됐나 보구나. 먼저 해.

　내가 부탁해야 할 상황이라면 어떻게 말하는 게 다른 사람의 기분을 상하지 않게 할까요? 자신의 입장만 너무 앞세우다 보면 상대를 배려하는 걸 놓칠 수 있어요.

우리가 어떻게 말했을 때 부탁을 들어줄까요? 아무래도 상대를 배려하며 부탁하면 더 쉽게 부탁을 들어주겠죠?

상대를 배려한다는 건 나에게 손해가 되는 게 아니에요. 나라면 어떤 말을 들었을 때 더 좋을지를 생각해 보고, 상대가 더 듣기 좋은 말을 하는 것이 배려예요.

말하는 방법을 점검해 보자!

평소에 친구와 말다툼을 자주 하거나 대화가 중간에 중단된 적이 있나요? 친구와 대화 나누는 게 즐겁지 않고 짜증이 난다면 자신의 말하기 방식을 점검해 볼 필요가 있어요. 대화는 다른 사람과 의견을 나누면서 서로 영향을 미치는 상호 작용 과정이기 때문에 대화하는 사람 모두 함께 노력하는 자세가 필요해요.

친구의 눈을 보며 말하기

눈을 보지 않고 다른 곳을 보면서 말하면 내 생각을 제대로 전달하기 어려워요. 또 친구가 '나와 대화하기 싫은가?' 하고 오해할 수 있어요.

친구를 얕보거나 무시하지 않기

말하면서 친구를 얕보거나 무시하고 있지는 않나요? 꼭 말이 아니더라도 표정이나 몸짓으로도 친구를 무시하는 마음은 전달돼요. 나에게 친구를 무시하는 마음이 조금이라도 있지 않은지 확인해 보세요.

나 혼자만 말하지 않기

친구에게 말할 기회를 주지 않고 혼자 말할 때는 없나요? 혼자 말하면서 대화를 주도하는 건 친구를 존중하는 태도가 아니에요.

앞의 내용을 점검한 뒤에는 내가 친구에게 한 말을 되짚어 보면서 내가 말할 때 어떤 특징이 있는지 정리해 보세요.

[나의 말하기 습관]

03장 싸우지 않고 설득하는 여덟 가지 방법

별일 아닌 일로 친구와 말다툼을 해 본 적이 있을 거예요. 우리는 너무 달라서 의견이 부딪히는 경우가 자주 있으니까요. 그런데 친구와 싸우고 나면 기분이 안 좋고, 미워하는 감정이 오랫동안 나를 괴롭히지요.

말할 때 조금만 신경 쓰면 말다툼을 피하고 내 생각도 확실하게 전할 수 있어요. 더 많은 이야기를 나누고 싶은 사람이 될 수 있는 방법, 궁금하지 않나요?

* 논쟁에서 이기는 것보다 호의를 얻는 게 좋아.
* 직접적으로 반대하는 말과 행동은 조심해.
* 내 의견이 틀렸으면 솔직하게 인정하기.
* 나는 늘 상냥하고 친절한 사람!
* 의견이 다른 부분보다 같은 부분을 먼저 이야기해.
* 친구의 이야기를 잘 들어 줘.
* 내 생각을 강요하지 않고 제안하자.
* 친구의 입장에서 생각해 봐.

데일 카네기가 들려주는 인간관계론

다른 사람의 생각과 내 생각이 다르면 쉽게 흥분하는 사람이 있어요. 또 다른 사람이 사실과 다른 말을 하면 틀렸다는 걸 증명하고 싶어서 안달인 사람도 있지요. 이런 사람들을 지켜보면 꼭 다른 사람과 큰 소리로 논쟁을 하곤 해요.

그런데 그 과정에서 상대방이 열등감을 느끼고 자존심에 상처를 받는다면 어떨까요? 상처를 받고 화가 난 상대방은 자신의 생각을 바꾸기보다 오히려 적이라는 생각(적대감)과 싫은 사람이라는 느낌(반감)을 갖게 될 거예요. 논쟁에서 이겼다고 하더라도 이게 과연 좋은 일일까요?

미국 건국의 아버지라 불리는 정치인이자 피뢰침을 발명한 발명가이기도 한 벤저민 프랭클린이 이런 말을 했어요.

벤저민 프랭클린

"논쟁하고, 지지 않으려 애쓰고, 반박을 하면 때로는 승리를 얻을 수도 있다. 하지만 상대방의 호의를 얻지 못한다면 그것은 공허한 승리에 불과하다."

여러분은 무엇을 원하나요? 극적인 승리를 원하나요, 다른 사람의 호의를 원하나요? 둘 다 얻을 수 있다면 좋겠지만 그런 경우는 많지 않아요. 논쟁보다 호의를 얻으려고 노력해야 할 이유가 바로 이것 때문이지요.

말싸움을 거는 친구는 어떻게 대해야 할까요?

친구와의 말싸움을 피하겠다고 아무 말도 안 하면서 침묵하거나 피하는 건 좋은 방법이라고 할 수 없어요. 그럴 때는 말싸움 거는 친구의 의도나 목적이 무엇인지 생각해 보면 좋겠어요. 그리고 어떻게 하고 싶은지 내 마음도 살펴보는 거예요. 🙂

설득 방법 ①
논쟁하기보다 호의를 얻으려고 노력하기

아이스크림 가게에서 함께 먹을 아이스크림을 고르던 병국이와 준현이는 서로 좋아하는 게 다르다는 걸 알게 됐어요.

자신과 다르다고 이상한 건 아니에요. 내 생각이나 입장에서는 이상하게 보이지만 다른 사람의 생각이나 입장에서는 이상한 게 아닐 수 있다는 걸 잊지 않으면 논쟁도 피할 수 있어요.

친구들과 고래에 대해 이야기하고 있었어요. 호재는 고래에 관심이 많아 다큐멘터리와 책을 많이 봤기 때문에 고래에 대해 잘 알고 있었지요.

호재가 진영이와 논쟁하면 결국 이기겠지만, 진영이의 기분은 크게 상할 거예요. 기분이 상해 버린 진영이는 호재와 즐거운 대화를 나누고 싶지 않을 거예요.

3장 싸우지 않고 설득하는 여덟 가지 방법　71

너그러운 사람이 되자!

친구의 말이나 행동이 내 마음에 들지 않는다고 지적하거나 화를 내면 친구에게 상처를 주기도 하고 좋은 인상을 줄 수 없어요. 내가 아는 것이 많고 똑똑하다고 거만하게 굴거나 조목조목 따지는 것도 친구에게는 비호감으로 보일 수 있고요.

그렇다고 무조건 친구를 배려하고 친구의 의견을 우선시하고 겸손해야 한다는 말은 아니에요.

만나면 언제든지 편안함을 주고 기분 좋은 사람이 되려면 어떻게 해야 할까요?

친구의 말을 끝까지 듣기

자신이 잘 아는 것이나 말하고 싶은 내용이 있으면 참지 못하고 바로 말해야 직성이 풀리는 사람이 있어요.

내가 알고 있는 것이나 말하고 싶은 것을 말하기 전에 친구의 말을 집중해서 끝까지 들은 다음에 내가 할 말을 해도 늦지 않아요. 오히려 친구의 말을 끊거나 오해하지 않을 수 있어서 좋아요.

친구의 말과 표현 받아들이기

친구의 말이 공감되지 않거나 지적하고 싶은 내용이 있을 때에도 우선은 "그렇구나, 너는 그렇게 생각하는구나."라고 말해 보세요. 친구의 말을 무턱대고 따지기보다 친구의 말과 행동을 먼저 받아들이는 것이지요. 그러면 친구에게 여유 있고 겸손한 친구라는 인상을 줄 수 있어요.

데일 카네기가 들려주는 인간관계론

누군가 내가 한 말에 "아닌 거 같은데?"라고 의심을 하면 우리는 어떤 행동을 하게 될까요? 우선은 그 말을 듣는 순간 당황하거나 화가 날 거예요. 그리고 내 말이 맞다는 걸 증명할 만한 것을 찾아요. 내가 틀렸다는 걸 직접적으로 지적받게 되면 아무리 솔직하고 아무리 마음이 넓은 사람이라 할지라도 마찬가지일 거예요.

미국의 정치인이자 발명가였던 벤저민 프랭클린은 이 원리를 잘 알고 있었어요. 그래서 그는 무례하고 고집 부리는 태도를 버리고, 다른 사람의 감정에 직접적으로 반대하는 말과 행동을 삼가기로 했어요. 그리고 "내가 아는 바로는, 내가 이해하기로는, 내 생각에는 이런 거 같아, 지금은 이렇게 보이는데." 같은 말을 사용했어요.

벤저민 프랭클린

태도를 이렇게 바꾸고 나서 어떤 효과가 나타났을까요?

겸손한 태도로 의견을 제시하는 모습으로 보였고, 사람들은 그의 의견을 더 쉽게, 별다른 반박 없이 받아들였다고 해요.

사람들이 내 생각에 동의하게 하고 싶다면 다른 사람의 생각도 존중하려는 태도가 필요해요. 직접적으로 반대하는 말과 행동을 삼가면 오히려 더 쉽게 틀린 점을 바로잡을 수 있어요.

하지만 왠지 강하고 분명하게 말해야 친구들이 내 의견을 따를 거 같아요.

강하고 세게 말한다고 친구들이 내 말을 따르는 건 아니에요. 그보다 평소에 내가 하는 말과 행동이 친구들에게 어떤 인상과 믿음을 주었느냐가 더 중요하지요. 친구들이 내 의견에 귀 기울이고 내 의견을 따르게 하고 싶다면, 친구들에게 '신뢰할 수 있는 친구'라는 믿음을 주는 말과 행동을 하려고 노력해야 해요. 🙂

설득 방법 ❷
직접적으로 반대하는 말과 행동은 삼가기

체육 시간에 어떤 경기를 할지 친구들끼리 정하고 있어요. 농구를 하자는 의견과 축구를 하자는 의견으로 나뉘었어요.

NO →
- 축구 재미없어. 너나 해. 농구하자.
- 농구 재미없어. 너나 해.

OK →
- 축구도 재미있긴 한데, 지난번에 축구했으니까 이번에는 농구해 보면 어떨까?
- 농구도 재미있긴 하지.

　나와 의견이 다르다고 상대의 의견에 대한 거부감을 직접적으로 드러내면 상대방은 기분이 나빠져요. 상대가 잘못된 의견을 낸 것처럼 느껴지게 만들어 원하는 결과도 얻지 못하고 관계만 나빠지지요.

제동이는 쉬는 시간에 교실에서 떠드는 친구들에게 기분이 상했어요. 친구들에게 어떻게 내 마음을 전하는 게 좋을까요?

상대를 존중하는 마음 없이 말을 하면 상대도 나의 의견을 존중해 주지 않아요. 그렇게 되면 서로 감정이 상하게 되고, 모두 기분이 나빠져요.

말하기 전에 먼저 생각을 정리하자!

생각나는 걸 바로 말하기 전에 잠깐 멈추고 떠오르는 생각들을 나열해 보는 거예요. 그리고 생각의 순서와 관계를 정리한 다음 친구에게 어떤 순서로 말하는 게 좋을지를 차근차근 떠올려 보세요. 내 말이 친구에게 상처를 주지는 않는지, 내 생각이 잘 담겼는지를 생각해 보면 좋아요.

이렇게 잠깐 생각해 보는 것만으로도 말실수를 줄일 수 있고, 친구의 생각에 직접적으로 반대하지 않을 수 있어요.

떠오르는 생각을 나열해 보기

생각의 순서와 관계 정리하기

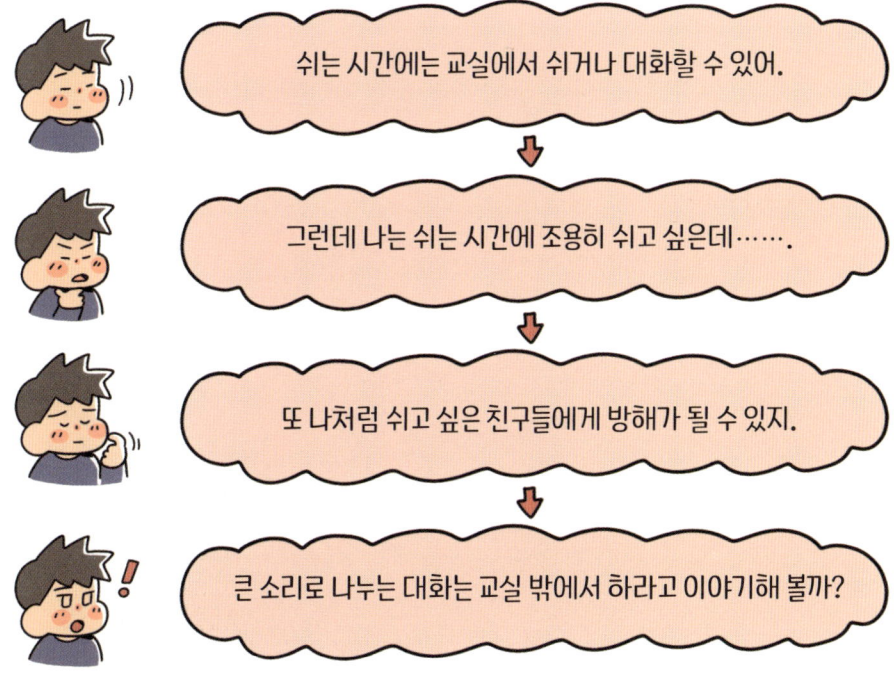

말할 순서 정하기

순서	말할 중심 내용	근거
1	쉬는 쉬간이니 네 행동을 이해해.	쉬는 시간은 자유롭게 쉬거나 대화할 수 있으니까.
2	나는 교실에서 조용히 했으면 좋겠어.	나처럼 쉬고 싶은 친구들에게는 방해가 될 수 있으니까.
3	복도에서 이야기하면 어때?	그러면 더 자유롭게 대화할 수 있고, 다른 친구를 배려할 수 있어.

데일 카네기가 들려주는 인간관계론

　미국 남북 전쟁 당시 남군의 총사령관이었던 로버트 에드워드 리 장군은 피켓 장군이 이끄는 북군의 공격을 받게 되었어요. 1863년 7월 1일부터 3일까지 치러진 이 '게티즈버그 전투'로 리 장군이 이끄는 남군은 큰 피해를 입고 남북 전쟁도 북군에게 유리해졌지요.

　중요한 건 게티즈버그 전투 이후 리 장군의 태도였어요. 그는 전투의 실패 원인을 다른 사람에게 돌리거나 다른 데서 찾지 않았어요. 자신을 책망하며 패배를 인정했지요. 이런 인품 덕에 전쟁에 패배한 장군이었음에도 사람들의 존경을 받았답니다.

로버트 에드워드 리

　비난받을 수밖에 없는 상황에서 자신을 변명하고 두둔하려고 하면 다른 사람의 비난이 더 세져요. 그럴 때 스스로 자신의 잘못을 인정하고 자신이 잘못한 점을 인정하면 다른 사람은 너그럽게 용서하는 태도를 취하기 쉽죠. 대부분의 어리석은 사람들은 자신의 실수에 대해 변명을 해요. 그러나 자신의 실수를 인정하는 행위는 숭고한 기쁨을 가져다 줘요.

　우리가 옳을 때는 부드럽고, 요령 있게 동의를 얻으려고 노력해요. 하지만 안타깝게도 실제로는 우리가 틀릴 때가 훨씬 더 많아요. 그럴 때는 빠르고 분명하게 우리의 실수를 인정하면 좋겠어요.

하지만 아무리 좋게 말해도 끝까지 자기 생각이 틀렸다는 걸 인정하지 않는 친구도 있어요.

자신의 말이나 행동을 지적하는 다른 사람의 말에 변명거리를 찾는 태도를 '자기 합리화'라고 해요. 다른 사람의 비판이나 지적이 두려워서 자기 행동을 포장하고, 자신이 틀리지 않았다고 갖은 이유를 대며 스스로를 보호하고 방어하는 것이에요. 자신을 지키기 위한 한 방법으로 볼 수 있지요. 하지만 자기 합리화가 지나치면 변명만 늘어놓는다는 인상을 줘서 다른 사람과의 관계가 어려워져요. 🙂

설득 방법 ❸
내 의견이 틀렸다면 솔직하게 인정하기

모둠 발표가 끝났지만 생각했던 것만큼 결과가 좋지 않았어요. 같은 모둠이었던 재민이와 지후가 아쉬워하며 대화하고 있어요.

결과가 좋으면 문제가 되지 않지만 결과가 나쁘면 다른 사람을 탓하기 쉬워요. 이럴 때 나의 잘못을 인정하기란 쉽지 않아요. 하지만 자신의 잘못이나 틀린 점을 솔직하게 인정하면 친구들에게 공정하고 공평한 사람이라는 인상을 주지요.

잘못된 내용을 친구가 지적했을 때 받아들이지 않고 자신의 의견만 고집하면 고집이 세고 대화가 잘 통하지 않는 사람이라는 인상을 주지요. 하지만 친구의 의견을 받아들이면서 자신의 생각을 보완하면 유연하고 대화가 잘 통하는 친구라는 인상을 줄 거예요.

지적받았다고 부끄러워하지 말자!

　많은 사람이 지적을 받으면 공격을 받았다고 생각해요. 그러나 친구의 지적은 나를 돌아볼 수 있게 하고, 내가 잘못 알고 있거나 잘못 말한 내용을 고칠 수 있게 하지요. 그래서 더 나은 사람이 되도록 하고, 더 좋은 의견을 낼 수 있게 돕는 아주 중요한 역할을 해요. 그러니 지적을 받았다고 부끄러워할 필요가 없어요.

　지적을 한 친구에게 적대감을 느낄 게 아니라, 친구의 이야기에 귀 기울이려는 태도를 가져야 해요.

　친구의 생각을 좀 더 자세히 들어 보고, 내가 받아들이고 공감할 수 있는 내용인지 확인해 봐요.

　만약 친구의 말이 공감이 되지 않고 납득이 되지 않는다면 친구에게 내가 이해한 게 맞는지 질문을 해서 확인을 하거나 내 의견을 보완해서 말하면 돼요.

　만약 친구의 말이 공감이 되고 납득이 된다면 친구의 의견을 받아들이고 내 의견을 바꿀 수도 있어요. 잘못된 점을 바로잡고 고치는 건 부끄러운 일이 아니니까요.

데일 카네기가 들려주는 인간관계론

"벌꿀 한 방울에 한 통의 쓸개즙보다 더 많은 파리가 꼬인다."

링컨은 어떤 의도로 이런 말을 했을까요?

링컨이 말한 벌꿀 한 방울은 사람의 마음을 사로잡는 말이에요. 어떤 사람이 나와 생각이 다르고 그 사람의 마음이 나에 대한 적대감으로 가득 차 있다면 아무리 훌륭한 논리를 들이대더라도 내 말에 동의하지 않을 거예요. 하지만 우리가 친절하고 우호적이라면 그들을 더 친절하고 우호적으로 만들 수 있지요.

에이브러햄 링컨

내가 화가 난 상태로 다른 사람에게 이런저런 이야기를 늘어놓으면 나는 기분이 좀 나아질 거예요. 하지만 내 이야기를 들은 사람의 기분은 어떨까요? 나의 부정적이고 적대적인 태도는 다른 사람들이 내 의견에 동의할 수 없게 만들어요. 그렇기 때문에 상냥하고 친절하게 말하고 접근하는 방식이 필요해요.

미국의 28대 대통령이었던 우드로 윌슨은 다음과 같이 말했어요.

"당신이 주먹을 쥐고 내게 온다면, 나도 당신만큼 주먹을 꽉 쥘 것입니다. 하지만 내게 와서 '앉아서 같이 논의해 봅시다. 서로 의견이 다르면 왜 다른지 이해하려고 노력해 봅시다.'라고 말한다면 우리가 생각을 달리하는 점은 많지 않고 동의하는 점은 많다는 사실을 알게 될 것입니다."

그럼 화를 내는 건 나쁜 일인가요?

'화'는 자신을 지키고 보호할 수 있는 소중한 감정이에요. 그러니 화는 무조건 나쁜 것도 아니고, 항상 참아야 하는 것도 아니에요. 하지만 화가 나는 이유가 명확하지 않은 화, 다른 사람을 공격하는 화, 나에게 상처를 남기는 화는 문제가 될 수 있어요. 화를 내기 전에 다음을 기억하면 좋겠어요. 화는 조절할 수 있는 감정이고, 그것을 조절하는 것은 바로 나 자신이라는 사실 말이에요. 🙂

상냥하고 친절하게 말하기

반장인 도현이가 청소 당번을 어떻게 정할 것인지 학급 회의를 하고 있어요. 친구들이 의견을 발표하지 않고 장난만 치자, 회의를 진행해야 하는 반장 도현이는 화가 났어요.

　화를 내면서 말을 하게 되면 정작 전달해야 하는 중요한 내용은 제대로 전하기 어려워요. 화를 내는 순간 상대는 기분이 상해 내가 하는 말에 집중하지 않기 때문이지요.

친구들이 나만 빼고 놀러 갔다는 걸 알게 됐어요. 소희는 이 사실을 알자마자 기분이 나빠지고 화가 났어요.

상냥하고 친절하게 말한다는 게 꼭 웃으며 말한다는 건 아니에요. 듣는 사람을 배려하며 내 감정을 솔직하게 표현하는 것도 상대방에게 상냥하고 친절하게 말하는 거지요.

3장 싸우지 않고 설득하는 여덟 가지 방법

화가 날 땐 이렇게 해 보자!

울컥 화가 날 때 충동적으로 말을 하게 되면 친구의 기분도 상할 수 있어요. 그리고 내가 왜 화가 났는지, 내 기분이 어떤지, 어떻게 하고 싶은지를 제대로 전달하지도 못해요. 화가 났을 때 다음 방법을 실천하면, 화가 난 내 마음을 더 잘 표현할 수 있을 거예요.

심호흡하기

화가 났을 때 심호흡을 하면 마음을 가라앉힐 수 있어요. 코로 천천히 공기를 들이마시고 입으로 천천히 공기를 내쉬어요. 점점 마음이 차분해지는 걸 느낄 수 있어요.

화의 원인 찾기

심호흡을 한 뒤에는 차분해진 마음으로 내가 왜 화가 났는지 생각을 정리해 보세요. 이렇게 하면 화라고 생각했던 감정이 화가 아닐 때도 있고, 화가 날 만큼 심각한 일이 아닐 때도 있어요. 물론 누가 봐도 화가 날 수밖에 없는 상황일 때도 있고요.

내 마음 표현하기

흥분하거나 감정을 앞세워서 말하면 오히려 친구의 기분을 상하게 할 수 있어요. 하지만 차근차근 내 마음과 진심을 전하면 친구도 내 기분과 감정에 공감해 줘요. 그러면 어떻게 해야 할지 방법도 함께 고민할 수 있게 돼요.

데일 카네기가 들려주는 인간관계론

고대 그리스의 철학자였던 소크라테스는 사람들을 설득할 수 있는 가장 현명한 방식을 알고 있었어요. '소크라테스의 문답법'이라는 말을 들어 본 적 있나요? 소크라테스는 상대방이 "네."라고 동의할 수밖에 없는 질문을 계속 던져 결국은 상대방이 바로 몇 분 전에 격렬하게 비판했던 결론을 자신도 모르는 사이에 받아들일 수밖에 없게 만들었어요. 이것이 바로 소크라테스의 문답법이에요.

소크라테스

어떤 사람이 "아니요."라고 말하면 몸 전체가 거부하는 방향으로 움직이게 돼요. 반면에 "네."라고 말하면 몸을 앞으로 움직이며 개방적으로 받아들이는 자세를 취하게 되지요. 따라서 처음부터 "네"라는 대답을 더 많이 이끌어 낼 수 있다면, 우리가 하고 싶은 이야기로 관심을 유도하는 데 성공할 가능성이 높아져요.

그러므로 다른 사람과 대화할 때 서로 의견이 다른 부분부터 이야기하기보다는 상대방과 내가 동의하고 있는 부분에서부터 이야기를 시작하고 그 부분을 강조하는 것이 좋아요.

다른 사람과 이야기할 때 처음부터 "아니요"에서 시작한다면 부정적 태도를 긍정적으로 바꾸기 위해 아주 많은 지혜와 인내심이 필요할 테니까요.

의견이 다르면 서로 동의하는 부분을 찾는 게 어렵지 않나요?

내가 이야기를 일방적으로 이끌어 나가려고 욕심을 내면 마음이 조급해져서 서로 의견이 일치하는 부분이나 동의하는 부분을 찾기가 더 어려워요. 이럴 때는 상대가 이야기할 수 있는 기회를 주어 천천히 들어 보는 게 좋아요. 열린 마음으로 이야기를 들으면 상대와 내가 동의하는 부분을 찾기가 훨씬 쉬울 거예요. 🙂

설득 방법 ⑤
서로 의견이 같은 부분부터 이야기하기

주은이는 수연이와 같이 사진을 찍고 싶어요. 좋아하는 친구이기 때문에 추억을 남기고 싶었거든요.

NO →

난 찍고 싶어. 찍자!

난 싫다니까.
...

OK →

나도 사진 찍는 거 싫어해. 근데 너라서 같이 찍고 싶은 거야.

진짜? 음, 그렇다면 같이 찍을까?

찰칵

내 입장만 앞세우면 상대는 존중받지 못하고 무시당한다는 느낌을 받을 수 있어요. 상대를 배려하는 말로 마음부터 연다면 내가 원하는 목적을 이루는 게 더 쉬워져요.

수현이는 책 읽기보다 게임하는 걸 더 좋아하고, 재경이는 게임하는 것보다 책 읽는 것을 더 좋아해요. 재경이는 수현이에게 책도 재미있다는 걸 알려 주고 싶어요.

상대가 긍정할 수 있는 부분부터 말하면서 차근차근 접근하면, 상대를 설득할 수 있는 가능성이 커져요. 반대로 상대가 긍정할 수 없는 부분부터 말하면 상대는 자신의 생각을 더 강하게 지키려고 해요.

3장 싸우지 않고 설득하는 여덟 가지 방법

친구 의견에 호기심을 갖자!

 친구와 이야기를 나누다 보면 의견이 다른 경우가 있어요. 이럴 때 각자의 의견만 강조해서 말하면 자신의 의견을 강요하는 것처럼 느껴져 서로 상대의 기분을 상하게 해요.
 이때 필요한 게 친구의 의견에 호기심을 갖는 거예요. 호기심을 갖고 질문을 하면 친구의 의견을 더 확실하게 이해할 수 있어요. 그러고 나면 서로의 의견에 어떤 공통점과 차이점이 있는지, 더 나아가서 양쪽의 의견을 어떻게 조율할 수 있는지 방법을 찾게 되지요.

친구에게 적극적으로 질문하기

조건을 달아 동의하거나 부분적으로 동의하기

의견 조율하기

데일 카네기가 들려주는 인간관계론

사람들은 다른 사람을 설득하기 위해서 말을 많이 해야 한다고 생각해요. 그래서 상대방의 말을 끊고 재빨리 내 생각부터 말하고 싶어 하지요.

그러나 다른 사람을 설득하는 더 좋은 방법은 상대방이 자신의 이야기를 많이 하도록 하는 것이고, 상대방의 이야기에 귀 기울이며 잘 듣는 것이에요. 이때 상대방이 말을 하지 않는다면 질문을 던져서 말을 하게 만들어 보세요.

프랑스의 작가이자 철학자였던 프랑수아 드 라로슈푸코는 "적을 원한다면 친구보다 뛰어난 사람이 되어라. 친구를 원한다면, 친구가 너보다 뛰어난 사람이 되도록 하라."라고 말했어요.

프랑수아 드 라로슈푸코

친구가 나보다 뛰어나면 친구는 자신이 중요한 사람이라는 생각을 하게 돼요. 하지만 내가 친구보다 나으면 친구는 열등감을 갖지요. 시기와 질투를 하게 되니까요. 아무리 친구라 하더라도 내가 늘 어놓는 자랑을 듣기만 하는 것을 마냥 좋아하지 않아요. 오히려 친구도 자신의 성취에 대해 이야기하고 싶어 하지요. 나의 업적을 부풀려 말하기보다 겸손해지는 게 좋아요. 겸손한 태도로 겸손한 말을 하면 다른 사람의 호의를 얻을 수 있어요.

듣기만 하면 친구들이 오히려 무시하지 않을까요?

말을 잘하는 사람은 적극적이고 듣기를 잘하는 사람은 소극적이라고 생각하기 쉬워요. 하지만 듣기도 적극적이고 능동적인 행동이에요. 어떻게 듣느냐에 따라 대화가 풍요로워지기도 하고 그렇지 않기도 해요. 말하는 사람도 듣는 사람이 있어야 말할 수 있어요. 그러니 듣기만 한다고 해서 친구가 나를 무시할 거라는 걱정은 하지 마세요. 🙂

설득 방법 ❺
다른 사람이 이야기를 많이 할 수 있게 하기

정훈이와 재현이는 친한 친구였지만, 학년이 올라가 반이 바뀌면서 잘 만나지 못했어요. 그러다가 우연히 학원 가는 길에 만났어요.

NO →
어, 수학 학원. 내가 이번에 수학 경시 대회 학교 대표로 나가잖아. 안녕, 나 가 볼게.
→ 어, 그래. 안녕.

OK →
안녕, 오랜만이다. 난 지금 수학 학원 가. 너는 어디 가는 길이야?
→ 나는 영어 학원 가는 길이야. 언제 우리 집에서 같이 놀자.

대화할 때 자기 이야기만 늘어놓고 상대의 이야기는 듣지 않는다면 상대는 대화가 즐겁지 않을 거예요. 이건 설득해야 하는 상황에서도 마찬가지이지요.

역사 공부를 왜 해야 하는지에 대해 친구들이 이야기하고 있어요. 현우는 역사 공부를 해야 한다는 입장이고, 지혜는 역사 공부를 왜 해야 하는지 모르겠다는 입장이에요.

"역사 공부는 왜 해야 하는지 모르겠어. 어렵기만 하고……." — 지혜

NO →
"잠깐, 무슨 소리야. 역사 공부는 필요하지. 역사를 공부해야 우리의 과거를 알 수 있고……." — 현우

→ "내 말을 끝까지 듣지도 않고. 기분 나빠."

OK →
"……너무 복잡해. 또 연도 같은 건 외워 봐야 쓸 데도 없고 골치 아프기만 한걸."
"맞아, 어렵긴 하지."

→ "하지만 역사를 공부해야 우리의 과거를 알 수 있어."
"그렇긴 해."

상대를 설득하고 싶다면 상대의 이야기를 주의 깊게 듣는 게 무엇보다 중요해요. 상대의 이야기를 듣지 않고 내 말만 한다면 누구의 마음도 열기 어려워요.

 ## 친구가 말할 수 있게 도와주자!

내가 말하고 싶은 걸 생각하느라 친구의 말을 제대로 듣지 않으면 친구의 의도를 파악하지 못해 설득도 할 수 없어요. 친구의 이야기에 귀를 기울이면서 친구가 말할 수 있게 도와주면 친구의 생각과 의도를 확실하게 알 수 있고 서로의 생각도 받아들일 수 있지요.

친구가 자신의 생각과 의도를 잘 말할 수 있게 하려면 어떻게 해야 할까요?

맞장구치기

친구의 말을 따라 하면서 귀 기울이기

이어질 말 궁금해하기

데일 카네기가 들려주는 인간관계론

미국의 에드워드 M. 하우스 대령이라는 사람은 우드로 윌슨 대통령 재임 기간 중 국내외 문제에 엄청난 영향력을 행사했어요. 윌슨 대통령은 내각의 어떤 관료보다 하우스 대령의 충고에 의지했어요.

에드워드 M. 하우스

하우스 대령이 대통령에게 영향력을 행사하는 데 어떤 방법을 사용했을까요? 하우스 대령은 대통령 자신이 떠올린 생각이라고 믿도록 만드는 것이 대통령의 생각을 바꾸는 가장 좋은 방법이라는 걸 알았어요.

사람들은 다른 사람의 생각을 그대로 받아들이는 것보다 스스로 발견한 생각을 더 신뢰하거든요. 그렇기 때문에 내 의견을 강요하기보다 제안을 하고 다른 사람이 스스로 철저하게 생각해 보도록 하는 게 더 현명한 일이에요.

중국의 사상가 노자도 같은 맥락의 말을 했어요.

"다른 사람들보다 위에 서고 싶은 현자는 그들보다 자신을 낮춰야 한다. 다른 사람들 앞에 서고 싶으면 그들보다 뒤에 서야 한다. 그래야 사람들이 자신보다 위에 있는 사람에게 중압감을 느끼지 않는다. 자신들 앞에 서 있는 사람이 있더라도 그것에 대해 아파하지 않는다."

내 생각을 강요하지 않고 제안하려고 하는데, 친구들이 내 의견을 잘 따라 주지 않아요.

생각을 제안할 때 자신의 의견만 말하지는 않았나요? 제안을 할 때에도 자신의 생각을 뒷받침하는 타당한 이유와 근거가 필요해요. 친구들이 내 제안을 선택하고 싶게 만드는 매력적인 이유도 함께 말해 보세요. 🙂

설득 방법 ❼
생각을 강요하기보다 제안하기

대호는 숙제를 하려고 책상에 앉았어요. 숙제를 하기 전에 게임을 잠깐 하고 숙제를 해야겠다고 생각했지요. 그런데 그 모습을 엄마가 봤지 뭐예요.

대호

NO →
너 숙제 안 해? 미루지 말고 숙제부터 해.

→ 내가 알아서 해요!

OK →
숙제는 없니? 숙제 안 해도 내일 괜찮겠어?
엄마가 걱정이 돼서.

→ 아, 검사받으려면 해야 해요. 이제 할게요.
힘내라.

아마 비슷한 경험이 한 번쯤은 있을 거예요. 마음속으로 '이것만 하고 숙제해야지.' 하고 생각했던 바로 그때 엄마가 강요하는 말을 하면 기분이 상해서 딱 하기 싫어지잖아요.

친구에게 말할 때도 마찬가지예요. 강요하는 말보다는 부드럽게 제안하는 말을 하면 서로 기분 좋은 대화를 할 수 있어요.

선생님이 짝꿍과 이야기를 나눈 다음 정리해서 발표하라고 하셨어요. 연우는 쓰고 정리하는 건 좋아하지만 발표하는 건 자신이 없었어요. 평소 발표하는 걸 좋아하는 현서와 짝꿍이라 다행이라고 생각했어요.

짝꿍과 이야기를 나눈 다음 정리해서 발표해 볼게요.

NO →
내가 정리할 테니까 네가 발표해.
연우
현서

→ 싫은데?

OK →
역할을 나누면 어떨까? 그런데 나는 너만큼 발표를 잘 못해서 자신이 없어.

→ 그럼 내가 발표할게.

    내 생각을 강요한다고 느끼면 상대는 내 생각에 순순히 따르고 싶지 않다는 생각을 할 수 있어요. 반면 생각을 제안해서 상대가 그 문제를 생각해 보고 선택할 수 있게 하면 누구도 기분이 상하지 않고 문제를 해결할 수 있지요.

3장 싸우지 않고 설득하는 여덟 가지 방법　107

요령 있게 제안하자!

친구에게 내 생각을 제안할 때도 요령이 필요해요. 친구를 설득해야 하는 상황이라면 특히 더 그렇지요. 어떤 상황인지를 먼저 확인한 다음, 적절한 전략을 활용하는 게 필요해요.

문제를 해결해야 하는 상황일 때

문제를 해결해야 하는 상황에서 친구에게 제안을 할 때는 문제점을 뚜렷하게 만들어 분명한 해결 방법을 제시하는 게 좋아요.

찬성과 반대 의견 중 선택해야 할 때

찬성과 반대로 의견이 나누어져 그중 한 가지 의견을 선택해야 할 때에는 친구의 의견을 내 의견과 비교하면서 공통점과 차이점을 찾아야 해요. 어떤 부분이 같고, 어떤 부분이 다른지 이야기하면서 확실한 근거를 덧붙여 제안하면 좋아요.

데일 카네기가 들려주는 인간관계론

　인간은 누구나 공감받고 싶어 해요. 아무리 성미가 고약한 사람이라도, 아무리 화가 나 있다 하더라도 내 처지에서 내가 느끼는 것처럼 공감해 주면 화내는 걸 멈추게 할 수 있어요.
　"그렇게 생각할 수밖에 없었겠다, 나라도 너처럼 생각했을 거야."라는 공감의 말을 하는 친구를 싫어하는 사람이 있을까요?
　공감의 말은 논쟁을 멈출 수 있을 뿐만 아니라, 나에 대한 적대감을 없애고, 내 말을 주의 깊게 듣도록 할 수 있어요.
　반대로 공감은 하지 않고 친구를 비난하거나 잘못을 꼬집으면 친구는 망신을 당했다고 생각하고 나를 적이라 느껴서 진심으로 내 말에 따르지도 않아요.

　물론 친구의 의견이 완전히 틀릴 수도 있어요. 하지만 그럴 때 무작정 친구를 비난하지 마세요. 친구가 어떤 생각을 하고 어떤 행동을 하는 데는 다 이유가 있기 마련이에요. 그 숨겨진 이유를 찾아보면 그 행동이 이해될 거예요.
　핵심은 간단해요. 진심으로 그 사람의 입장이 되어 보는 거예요. '내가 저 사람이었다면 어떤 생각을 했을까? 어떻게 반응했을까?' 하고 상상하면서 생각해 보세요. 말을 하기 전에 잠시 상대의 관점에서 생각해 보는 거지요.

하지만 나를 비난하는 친구에게 공감하기는 어려워요.

맞아요. 일단 내가 비난을 받게 되면 친구에게 화가 나서 공감해야겠다는 생각을 하기 어려워요. 어렵기는 하지만 그래도 적대감을 호의로 바꿔 보세요. 친구의 입장을 이해해 보는 거예요. 그러면 친구도 내 관점을 이해하려고 노력할 거예요. 친구를 비판할 때보다 훨씬 큰 기쁨과 즐거움도 느낄 수 있겠지요. 🙂

설득 방법 ❽
다른 사람의 관점에서 보고 공감하기

친구들과 술래잡기 놀이를 하다가 희진이가 넘어졌어요. 다치진 않았지만, 아프기도 하고 창피하기도 해 희진이는 울음을 터트렸어요.

내가 아닌 다른 사람의 입장에서 생각하기란 꽤 어려워요. 하지만 다른 사람의 입장에서 생각하고 공감하는 말을 하면 배려심 많은 사람이라는 인상을 주고 실제로도 배려하는 습관이 만들어져요.

주한이와 영훈이는 집으로 가는 방향이 같아서 자주 같이 하교했어요. 그런데 어제 영훈이가 수업이 끝나고 보이지 않았어요. 주한이는 영훈이를 찾다가 시간이 늦어져서 집에 갔어요.

내 관점에서만 생각하면 화가 나거나 짜증이 날 수 있지만, 친구의 관점에서 생각하면 충분히 이해되는 상황일 수 있어요. 상대의 관점에서 보고 공감해 주면 서로 존중하는 대화를 할 수 있어요.

공감하는 사람이 되자!

　사람들은 내 말에 공감하지 않는 사람보다 공감하는 사람과 대화하는 것을 더 좋아해요. 공감을 받으면 내 생각과 말이 존중받는다는 느낌이 들어서 더 많은 이야기를 나누고 싶어져요.
　서로의 생각이 달라 대립하고 있는 상황에서도 공감을 받으면 마음이 누그러지지요.
　공감을 잘하는 사람들은 다음 세 가지 방법을 잘 지켜요.

친구의 말 끊지 않고 듣기

　친구가 하고자 하는 말을 끝까지 집중해서 듣는 거예요. 중간에 말을 끊거나 끼어들어 내 생각을 말하거나 내 이야기를 하면 친구는 자신이 존중받지 못한다는 생각이 들 거예요.

친구의 말 판단하지 않기

친구의 말을 들으면서 "좋다, 나쁘다" 혹은 "잘했다, 잘못했다"와 같은 판단하는 말을 하지 말아요. 친구의 말이나 감정을 알아주는 것만으로도 충분히 공감할 수 있어요.

입장을 바꾸어 생각하기

나의 입장이 아닌 친구의 입장에서 생각해 보는 거예요. 내가 만약 친구의 입장이었다면 어땠을지를 생각하면 친구의 말이나 행동이 이해되는 경우가 많아요. 생각이 유연해지고 너그러운 마음이 되지요.

사진 출처

- 22쪽   1911년경의 데이비드 로이드 조지: 위키 퍼블릭
- 74쪽   존 트럼블이 그린 〈독립 선언서〉 그림의 벤저민 프랭클린: 위키 퍼블릭
- 80쪽   1937년 4센트 발행에 발행된 육군·해군 기념 우표의 로버트 E. 리 장군: 위키 퍼블릭
- 86쪽   1857년의 에이브러햄 링컨: 위키 퍼블릭
- 98쪽   프랑수아 6세 드 라로슈푸코 공작의 초상: 위키 퍼블릭
- 104쪽   윌리엄 오펜이 그린 에드워드 M. 하우스의 초상: 위키 퍼블릭